JN408657

실향의 덫 포천 Ⅱ

문학공원 시선 190

실향의 덫 포천 II

李錫九 韻文集

오, 포천의 큰 종이여 이제 태평성대를 열어라
우리의 작은 소망도 큰 뜻도 염원의 소리로 울려라
천년만년 이루게 하라 온 누리 퍼지게 하여라

여기는 포천

문학공원

<운문집을 펴내며>

시는 보통 '이미지'를 만들어 내는 창작 행위로 정의되기도 한다. 절약된 문장을 만들고 여기에는 적재적소의 시어(詩語)를 찾아내야 하고 정형시로 들어가면 호흡에 맞는 리듬감까지 노래 부를 수 있게 짓는다고 하지만 필자의 시는 이런 일상에선 많이 벗어나있는 것 같다. 수필을 줄여서 쓴 수필시(隨筆詩) 쯤으로 보여진다. 조심스럽다. 이 중에는 수년 전 「시낭송회」에서 매월 낭송 작으로 만든 시도 있고 예술인동우회 문학분과의 월례회 모임 때 만든 시들이 대부분이다.

30년 전부터의 작품이니 많이 퇴색됐을 듯하다. 시란 나에게 채색이 안 되는 것 같다. 써놓고 보면 흑·백이다. 여간해서 물이 안 드는 것 같다.

시에도 멋진 채색을 할 수 없을까?

2021년 봄

이 석 구

차 례

2부 사람 - 포천의 사계

차 례

3부 생각 - 인생은 놀음판

차 례

4부 생활 - 우리들의 텃밭

5부 자연 - 동장군

작품해설

1부
노년

눈

눈이
조용히 깃발처럼 쌓이면
세상이 잠든 석야(夕夜)를 만들고

화가는
하이얀 도화지에
노루 한 마리 뛰놀게 하고 색칠할 거야

현자(賢者)라면
밖에 나와 거닐고 발자취를 찍어
뒤 오는 사람에게 교훈을 남길 거야

시인(詩人)은
음표 없는 노래 짓고
슬어지는 눈을 아쉬워할 거야

늙은이는
어린 시절 손등 터진 손으로
눈싸움하던 추억을 끄집어낼 거야

4월의 바람

4월의 바람은
스치는 곳에 상처를 준다

엊그제도 콜록이는 늙은이
목덜미를 파고들더니 저승으로 끌어갔다

4月의 바람은 잔인하다
매화나무 가지 스치며

불그스름한 싹을 얼어터지게 한다

4月의 바람은 5月이 오기 전에
심술을 멈추고 얄밉게 손짓하며 떠난다

확실한 것과 불확실한 것

오늘은 어제도 아니고
내일도 아니고
오늘은 어제를 생각하고
내일을 바라보는 날
오늘이 어제가 되고 내일이 되어도
다시 오지 않는 오늘이다

어제 죽은 사람은 오늘을 살고 싶었고
내일 죽는 사람은 오늘이 마지막이지만
오늘은 내일을 살고픈 사람의 첫날이다

오늘은 산 사람의 몫이고
나에게 주어진 마지막이라면
어찌 살 것인지
그것을 모를 뿐이다

망년의 날

서울 보신각의 뒷골목
빈대떡 두 장에 칠천 원
늙은이 아홉 명이 술 한 병씩
망년이란 이름으로 취해버렸다
우리는 매년 그렇게
모이고 헤어지며 살았다
서울이 고향인 사람
남에서 북에서
수십 년 친구로 어울린 우정들이
먼저 간 친구 이야기하며
모두 돌아가야 하는 기다림을 살고 있다

하루를 보내며

- 노인의 세월

뼛속이 속 빈 강정인가
늙으면서 얻은 골다공증
그냥 걸려버린 20년 넘은 당뇨병
알고 죽는다는 해소 병은 뭔가
불편한 친구들과 동거(同居)한다

요즈음엔 지팡이나 '휠체어' 노인 보면
내 다리도 쑤신다
이심전심인가
내 늙었음인가
동행한다

오랜만에 하늘 맑은 날
의자 내놓고 햇빛으로 비타민을 쪼인다

공짜로 얻는 별것 아닌 것이
하루 종일 기분 좋게 한다
내일은 친구 만나고
모레는 병원 가고
집 앞의 텃밭도 갈 때가 되었다

만나는 일
할 일이 겹겹이다
하나하나 벗겨내는 성취감으로
기다림에 두고 싶다

시냇물에 종이배 띄우고
물가로 따라가는 어린 시절
그리움처럼 하루가 지난다

역전이막(逆轉二幕)

제1막

제1막이 오른다
포수에게 쫓기다 다리 부러진 노루
칡넝쿨 요새에 몸을 숨겼다

끈질긴 포수의 추격
사슴의 생명이 경각에 있다
'너는 독 안에 든 쥐다'

귀 빠진지 3년 되는 노루
난생 처음 죽음의 심장이
펄펄 뛰고 있다

포수는 나를 쏘아 목을 찌르고
내 끓는 피를 마시며 보신(補腎)할 거다

제2막

갑자기 포수의 비명이 들린다
실족하여 골짜기로 굴렀다
다리도 부러졌다

노루는 구사일생(九死一生)
천우신조(天佑神助) 확인한다
가슴을 쓸어내린다

소설도 아닌데 역전이다
스포츠도 아닌데 극적인 찬스가 왔다

'사람 살려!'
골짜기는 메아리치는데

노루의 다리는 아프지 않다
생명의 신선한 바람이 노을 사이로 불어온다
막이 내린다

파고다 공원

1.
한 달이면 두어 번 파고다공원 간다
우국충정도 아니고 거기 모이는 노인 틈에 섞이는 것도 아니다
얕은 '삼일문'을 들어서면 삼일독립선언문 손병희의 동상과
팔각정 13층 석탑 아래로 독립의 함성이 들리고
김두한이 똥을 퍼 국회의사당 단상에 뿌렸다는
그 화장실에서 오줌을 눈다

이곳에 오면 어제 얘기 같고
옛날얘기 같은 오늘의 얘기를 듣는다

2.
공원 담을 돌면 오늘도 배고픈 이들이
한 끼 밥을 얻자고 줄을 선다
그 틈에 끼어 따뜻한 점심을 얻어먹는다

3.1운동 때도 지금도
배고픈 이들이 얻어먹고
만세도 불렀다

함경도 친구

1.4후퇴 때
중학생으로 월남한 친구
엊그제 병원 환자실에서 세상을 떠났다

벌써 20년도 더 됐지
중풍으로 쓰러지고
휠체어로 의지해 살던 긴 세월을

함경도가 고향인데
못 가 보고 타향에서 죽었네

자유를 찾아왔다고 좋아하며
'카츄사'의 노래를 곧잘 부르던 친구
그때 그의 자취방 물컹한 오징어회로
고추장 찍어먹던 몇 잔 술에 취하고

우리는 그의 고향
함경도 바닷가로 끌려가서 놀았지
그의 추억 속에
우리를 남기고 떠난 고향바다
보고 싶다 친구야

나는 춥다

저 너머 바람이 지나간 골 끝
아지랑이 피었다
나무마다 뾰루지
生命 트는 입춘
나는 춥다

60년 더 되는 그 옛날에
썰매로 손등 터진 아해
흔적이 남았을까 들여다본다

힘줄도 뼈도 튀어나온
쭈글쭈글 손등 위로
봄바람 스쳐간다
나는 춥다

고향 바다

애초에 왔던 곳 엄마의 바다
해 뜨는 곳에 故鄕이 있다
아름다운 석양이 발목을 잡아도
목은 돌리지 말자
아침의 태양으로만 달려가자

엄마가 있는 고향 바다

사랑하며 살자

지는 해를 자른다
지구는 돌기만 하는데

시간을 자른다
늙어만 가는데

무엇을 자꾸 자르는가
흐르는 세월을,

世上事 매정해지는 것
마음을 열면 언제나처럼
가까이 있는 네가 귀하고

걷는데 채이는 돌부리
그것도 인연인 것을 믿으며 살자

말꼬리 물어뜯고
험담하지 말자

가는 세월 창창한데
내 길 가기도 힘든 것을

하늘을 우러러 부끄러워도 대지를 보며
지평을 가늠하며 똑바로 서 보자

하늘 향해 두 팔 벌려 뻗으면
거기 살맛도 있으리라

솟는 해가 창창해도
시드는 석양 꽃이 있고

손끝이 시려워도
따뜻한 아랫목은 있다

'謹賀新年'은 '漢文'이고
'VERY GOOD'은 영어이고
日本말 '사요나라'도
공존하는 것

다르다고 異質아닌 것은
더불어 사는 文化 때문이다

'둥근 해가 떴습니다'
그것은 希望이며
우리 모두 둥근 해 보며
아름답게 사랑하며 살자

상상의 그리움

어렸을 때 누나가 있었다면
손목 잡고 동산에 가고
손톱에 꽃물 들였을 거다

소년이 되어 누나가 있었다면
영화관에도 다니고
연애도 배웠을 거다

없는 누나를 그리며 살았다
노인이 된 지금도
나는 누님이 있는 것처럼
상상의 나래에 누님을 대동하면서
그리움이란 정서를 품고 살아간다

폐기물

눈의 시력이 0.3, 0.5 짝짝이다
다초점렌즈안경이 없으면
장님나라와 다르지 않다

코는 취각(臭覺)의 기능이 거의 없다
구린내도 못 맡고
연탄가스 냄새도 못 맡아
전에 죽을 뻔 했다

이빨은 반이 빠져있는데
기둥도 심고 의치를 걸어야 한단다
고기를 씹지 못하니
오복(五福)을 접은 지 오래되었다

귀는 부처님 귀를 닮아
장수(長壽)한다 떠드는데
보청기 신세를 지고도
남의 말을 눈으로 해석하느라
보기에 바보스럽다

치사한 변명

의사 : 아직도 담배를 피우십니까?
환자 : 네 못 끊었습니다 그런데 그것이…
의사 : 기관지 천식환자에겐 담배는 독입니다
환자 : 나쁘다는 것은 알고 있습니다 그런데 그것이…
의사 : 운동은 계속하십니까?
환자 : 별로 못 하고 있습니다 그런데 그것이…
의사 : 혈당이 높으신데 운동은 필수입니다
환자 : 네 알고 있습니다 그런데 그것이…
의사 : 식(食)습관은 고치셨습니까?
환자 : 집에서 먹는 대로 먹습니다 그런데 그것이…
의사 : 환자께서는 건강에 대하여 염려하지 않습니까?
환자 : 네 염려는 하지만 그런데 그것이…
의사 : 환자께서는 의사가 필요 없습니다
돌아가시지요
환자 : 의사 선생님! 그런데 그것이…
그랬으면 좋겠습니다

별걱정

떡국 한 그릇 주름 하나
걱정이 는다

언제부터 새해는
걱정으로 아침을 연다

내 어디쯤 와 있는지
얼굴의 주름 가지고도
나이 먹는 숫자 가지고도
감이 안 잡힌다

삶이 힘들어도 쉬엄쉬엄 가는 보겠지만
여기가 어디쯤인지

기억의 그날

걷는 게 싫어서 안 간다고 했더니
아내는 친구들과 제주도로
동생네는 진해 벚꽃 구경 다녀오고
자랑이 대단하다
그런데 그 자랑이 내게는
조금도 부러운 게 없다
내가 따라갔다면 고생께나 했을 테고
후회께나 했을 것이다

몹쓸 기억이란 제주도에서 비바람 때문에
우산을 거꾸로 들고 다니며 비를 흠뻑 맞고
항공기 결항으로 하룻밤을 묵으면서
그날 밤 고스톱으로 삼만 냥을 잃었다
진해군항제는 인파에 밀려
꽃구경은커녕 발목까지 삐어서
밤새 찜질로 고생했다

여행이란 젊어서나 하는 것이지 싶다
이제는 글렀다
이솝의 우화에는 포도가 먹고 싶은 여우가
높이 달린 포도송이를 따려다

실패하고 돌아서며
'저걸 따먹더라도 시어서 못 먹을 거야'

나의 여행은
시어서 못 먹는 포도송이와 같다

보이지 않는다

보이지 않는다

먼저 간 친구랑은
얼마나한 거리가 있는지

내 뒤에 올 친구랑은
얼마나한 거리가 있는지

알지 못하니 걱정된다

알아서 뭣 하는데?
이 친구야, 걱정도 팔자야!

낙엽(落葉)

때가 되면 떨어지는 것
일찍 떨어지면 청춘의 애상(哀傷)
늦게 떨어지면 황혼의 잎새

서리 내리면
카드섹션을 펼치는
변신의 팔색조(八色鳥)

책갈피에 한 잎 끼워두고
옛날을 회상하는
소녀의 일기장

가을바람에 떨어지면
추풍낙엽(秋風落葉)이라
쓰레기로 변신

낙엽은 한 해를 바람에 날리며
쓸쓸한 세모에 '굿바이'하며 떨어지는
'마지막 잎새'라야 값나간다

자연의 법칙

자연은 명멸(明滅)한다
죽음의 절규를 묻고
생성의 햇빛을 준다

자연이
바람으로 쓸어가고
지열(地熱)로 삼켜버려도
법칙(法則)에서 벗어나지 않는다

자연은
조상이 다르고
믿음이 다르고
생각이 다르다고
싸우는 사람들을
기도와 염불로
다스려 보지만
편들지 않는다

천하가 공평하고
무사함을 가르칠 뿐이다

나

애초에 내 뜻이 아니었다
내 의지가 아닌 것처럼

양수의 바다에서 엄마의 배를 차고
세상의 바다로 나온 것은 내 뜻이고 필연이었다

내가 선택한 바다는 부처의 고해(苦海)였다
폭풍이 일고 파도가 쳤다
살아남은 가련한 몰골은 지평선에 기대고 선다

석양이 붉은 하늘에
엄마의 바다를 그리는 그림자가
어둠에 깔린다

기다림

기다리라 한다
기다리면 언젠가 기회가 온다

모든 것은 기다림이다
성공이나 실패도
죽음도 기다리라 한다
언젠가 때가 온다고 한다
삶의 기다림이 어디쯤 와 있는지
고락을 넘어 기다려도
아직 멀었다 하고 손사래친다

인생은 기다림의 필연인가 우연인가
언제까지 기다려야 하나

人生은 같은 것

人生은
정처 없이 지는 해를 바라보며
한낮을 춤추는 하루살이 같은 것

人生은
하염없이 뜬구름처럼 바람이 불어와
슬어지는 깃털 같은 것

인생은
속절없이 꽃밭에 노니는
호랑나비 날갯짓 같은 것

2부
사람
(포천애)

위정척사의 행동하는 거인
- 면암의 삶

면암은 나라 사랑을 말로 하지 않았다
상소의 글로 나라님의 잘못을 꾸짖고
탄원하고 애원하였다
바로 잡히지 않기에 도끼를 짊어지고
나라님을 위협하고 항거하였다

괘씸하다 미움 받았기에
흑산도 제주도로 귀양갔지만
면암은 원망하지 않았고
모름지기 자신의 영화를 위해 살려하지 않았다
높은 벼슬을 주어도 걷어차고
오직 나라 기우는 한가운데서 나라 걱정뿐
편안이 살기를 거부했다

단발령으로 머리 자를 때
차라리 내 목을 자르라고 반대한 것은
머리칼이 아까워서가 아니라
반항의 명분을 지키려 함이다

면암이 문인임에도 의병대장으로 나아간 것도
의를 위해 행동하는 지성을 보임이요

백성의 뜻을 따름이다

총칼로 일본과 싸우려는 것이지
같은 백성끼리 죽이는 전투를 거부했기에
항복을 선택한 것이다

면암이 대마도 감옥에서 굶어가며 항거한 것도
어떻게 죽어야 참 죽음인지
자신도 알고 선택한 행동이었다

1916년 동짓달 열이레 새벽 4시에
차가운 감방에서 면암은 돌아가셨다
이 나라의 큰 별이 떨어졌음이라

다아 이루지 못한 한을 품고
굶어 죽음을 선택하니
더 사는 것이 의미 없는 치욕임을 알았음이다

면암의 시신이 부신에 당도하자
무수한 백성들이 슬픔의 만장을 들고
통곡하며 뒤를 따랐다

가다 서다 면암의 상여가
하루 5km도 못 간 때가 있으니
한을 풀지 못한 백성의 저항이었다

<

면암은 죽었어도 죽지 않았으니
면암의 항일 저항정신은 민족의 혼으로 이어져
각처에서 무장봉기를 일으키고
임시정부가 수립되며
3.1독립만세를 일으킨 요원의 불길이 되었다

금년은 면암 가신지 112년이 되는 해
포천이 낳은 춘추대의와
위정척사의 행동하는 거인
면암은 민족과 더불어 영원하리라
이 시대의 면암이여!

한탄강은 흐른다

- 노랫말

굽이치는 물살에 태고를 담고
주상절리 계곡으로 바람이 불면
백로의 날갯짓 하늘을 난다
아~ 서해로 백리
한탄강은 흐른다

이끼 낀 바위에 천년을 새기고
화적연 바위섬에 비가 내리면
비둘기낭 폭포에 산비둘기 운다
아~ 보고픈 고향
한탄강은 흐른다

포천의 사계

봄 아지랑이 피어나는 메마른 들녘
지지배배 종달새 하늘 높이 솟으면
만물이 생동하는 생명의 봄

여름 푸르게 물드는 싱그러운 산천
뻑 뻐꾹 뻐꾹새 숨어 우는 날
오곡백과 영그는 희망의 여름

가을 축제가 열리는 황금 들판
까악까악 까치가 귀한 손님 부르는
풍차가 돌아가는 향수의 가을

겨울 눈 쌓인 산천에 꾹꾸루꾸 꾸 산비둘기
네 박자 님 그리는 날
벗님네와 술 대작하는 동토의 겨울

포천시민대종의 노래

태초에 소리 있어
천년 터 일구고
삶을 열었노라
산천이 아름답고
인정이 따스하여
충·효·선비의 얼이
면면한 곳
여기는 포천

오, 포천의 큰 종이여
이제 태평성대를 열어라
우리의 작은 소망도 큰 뜻도
염원의 소리로 울려라
천년만년 이루게 하라
온 누리 퍼지게 하여라
여기는 포천

白馬高地에 서서

6월의 태양은 중천에 머물고
대지의 열기가 호흡을 멈추는 한낮에
고지에 서서
40년 전 포연(砲煙)의 매캐함을 마시며
둔탁한 포성을 듣는다

철조망 이쪽과 저쪽에서
스물네 번이나 빼앗고 뺏기는
한 줌의 땅과 젊은이의 목숨을 걸었다

함성은 처절했으리라
깃발을 앞세워 다리 잘리고
피를 쏟고 목숨을 잃었다
피는 흩어 골짜기 뿌리고
살점은 나뭇가지에 걸었다

아름드리나무가 찢기고
풀숲이 초토화되는 지옥의 전투에서
자연의 미물까지도 살아남지 못하는
처절한 전장에서
젊은 병사는 살아남을 생각을 버렸다

<

그러기에 깨끗이 꽃 되어 날릴 수 있다고
한줌의 흙을 움켜쥐고
태양을 우러러 두려움을 묻었으리

원혼은 이 근처 어디쯤인가 머물러
철조망을 넘나든다

오! 우리 가슴을 향해 소리친다
조국이여
조국이여

성년에게

- 제19회 청년의 날에

엄마 뱃속에서 열 달을 인내하고
세상 살러 나왔구나
그래 세상을 살아보니 어떻더냐
너의 태어남은 운명이었지만
축복이고 행운이었지

엄마가 너를 낳고 돌보지 않았다면
아마 너는 1주일도 못살고 죽었을 거야
그게 인간만이 갖는 인간의 굴레란다

삶의 시작은 감사야, 고마움이야
감사할 줄 아는 사람이 되어라
부모에게 감사하면 효가 되고
이웃에게 감사하면 사회가 밝아진다
매사에 감사하면 사랑의 힘이 솟는단다

그리고 꿈을 가져라 인생의 목표를 가져라
작은 꿈이라도 그 꿈을 이루기 위해 행하여라
너의 온갖 열정을 쏟아라
생명을 다해라
후회 없는 인생의 승부사가 되어라

<

네 가는 길 여의치 않을 거다
고독하고 외롭고 힘들어도
작은 일에 정성을 쏟고
그늘진 곳에 손을 내밀어라
어느새 너는 봉사하는 자의
행복을 맛볼 것이다

단 한 번의 인생을 알고
시간도 아껴라
어영부영하다 시간 놓치면
아무도 누구도 너의 잃은 시간 보상하지 않는다
네 인생은 너의 것이기 때문이야

오늘은 너희가 어른 되는 날
네 인생의 행, 불행은
다 - 아 너 하기에 달렸다

우리는 단지 앞날을 축복으로 빌 뿐
보고 있을 뿐이다
부디 힘 내거라

- 성년을 맞은 너희의 앞날을 지켜보는 늙은이의 덕담을 전한다

영평천 뚝방에 서서

영평천(永平川)에 장대비가 내린다
시름시름 시작은 초닷새
어제부터는 하늘을 뚫더니
아흐레인 오늘은
사십리(四十里) 영평천이 물펄을 이루었다

하늘과 맞닿은 곳에
물기둥 타고 승천하는 용의 모습
회색(灰色) 지평(地坪)은 머리 가리고 웃으며
맨발의 하이얀 종아리들이
빗줄기의 간지럼으로
이리 뛰고 저리 내닫는다

장대비는 끊일 줄 모르고
물 파도 만들어 이고
표말 짓는 몸짓으로
금수정(金水亭)을 휘감아 든다 장맛비 뚝방에 서서

햇빛 바라는 이야기 담아
고향노래 만들어가는
아해들을 그리워한다

백로주(白鷺洲)

꽃섬 청송가지에 아침 햇살이 일면
백조는 언제나 주인처럼
날갯짓 춤추며 호수를 횡강(橫江)한다
여기는 백로의 땅
내가 살아온 고향

호수 위에 고기떼 노닐면
백로는 찾아와 연회를 열었다
우아한 백로들이 나와
쌍쌍이 '왈츠'를 춘다

백로주는 축제의 땅
내 어린 시절의 낭만

옛적에 백로주는 영평8경의 하나
시인 묵객이 찾아와 노닐던 곳
지금은 돌에 새긴 글씨 지워지고
백로는 어디갔나

무심한 세월에
가슴 아픈 나그네

한내천의 추억

한내천을 끼고 산 지 50년도 넘었다
한내천은 내가 어부 되어 살고 싶은 놀이터였다

새봄이 오는 5월쯤 한내천에서
투망을 던져 모래무지 피라미를 잡는다
고추장 풀어끓인 매운탕이 일품이다
갈라진 물길 찾아 반도그물로 풀섶을 뒤진다
건져내는 미꾸리 새우까지
잡고기 매운탕도 일품이 아닐까
석양 지는 때쯤 견지낚시 들고나가
물살 치는 포인트에서 피라미 끌리는 손맛
바삭한 튀김으로 술 한 잔은 어떨까

장마 끝에 올라온 씨알 굵은 어희는
회로 먹는 맛도 일품이다
경치 좋은 곳 찾아 물살 치는 돌 사이로
어항을 몇 개 놓으면 깨끗한 피라미가 득시글
속 긁어 바위 온돌에 말렸다가
소금 기름 발라 구워먹어도 일품이 아니겠나

왕방산의 가을 노래

아침이면 창 너머로
왕방산 단풍축제가 열린다
짙푸르던 활엽수들이 하나 둘 옷을 벗고
탈색을 시작한다
노오란 벼이삭 들판부터
산정을 오르며 누렇게 탈색을 연출한다
창 너머 가을 단풍은
시시각각으로 변화가 빠르다

탈색한 지 보름쯤에는
붉은색 고동색으로
누런색 노란색으로
카키색으로 끼어들어
온통 왕방산 단풍은
검붉음과 화려한 색깔로
축제를 벌인다

가을서리 내리고
바람 부는 날
아쉬움 남기고 축제는 소리 없이
막을 내린다

포천(抱川)의 물길

포천(抱川)의 뜻은 내를 안고 있음이고
내를 안고 있음은 산(山)이 있음이다
포천은 두 갈래 물줄기의 고향이 있다

축석(祝石), 운악산(雲嶽山)을 시원(始原)하는
한내
광덕산(廣德山), 백운산(白雲山)에서 태생(胎生)하는
영평천(永平川)

둘이는 남에서 북에서 시작하고
포천의 중심 영중(永中)에서 만난다

축석(祝石)에서 내리는 뿌리물은
포천을 동서로 가르며 북상(北上)하는데
동쪽의 강씨봉(姜氏峰), 현등산 뿌리물을 모으고
서쪽 종현산(鐘縣山) 뿌리물 모아
한내를 이룬다

가산(加山)벌을 동(東)에서 만들고
한내가 유유자적한 것은
내가 완만하고 크기 때문이다

읍내(邑內)를 휘어 돌고
곳곳에 소(沼)를 만들고 웅덩이 만들고
만세교(萬歲橋)로 접어드는데

청학동을(靑鶴洞) 훑어 내린 물과 마주치며
유유히 백노주(白露洲)에서 갈래 뻗어
쉬면서 유원지를 만든다

그리고는 낙귀정지(樂歸亭趾)를 돌아
영평천으로 달려간다

백운산 국망봉(國望峰)에 뿌리를 두고
흘러내리는 영평천 암석(岩石)물은
백운계곡을 접어들며 동에서 서로 흐른다

이 바위 저 돌과 부딪고
선유(仙遊)의 협곡(峽谷)을 빠지며
급한 발길을 재촉한다

이동(二東)을 흘러 노곡(盧谷)에서 용곡소를 만들고
평촌교(平村橋)에서 청계산(靑溪山) 물과 마주한다

이 암석(岩石)물은 기암(奇岩)이 묻혀있고
와룡암(臥龍岩)에 누우면서
요동치고 도도한가 싶은데

다시 풍혈산(風穴山) 깎아지른 벼랑에 부딪히며
부서져 사나와 지고
넓게 자리한 성동(城東)에 가까워야
큰 여울 가라앉힌다
뿌리물과 암석물이 마주치는 영중(永中)에서
두 줄기 물은 한동안 갈래를 이루어간다

오른쪽에 영평벌을 만들어놓고
금수정(金水亭)을 돌아서는 하나가 되고
쉬엄쉬엄 쉬어가다 창옥병을 만나고 이어가면

한탄강의 화적연 씻은 물과 같이 임진강에 이른다
큰 바다 서해를 향해 장장 백리 길
여정(旅程)을 거두고 고향을 떠난다

포천은 내가 있고
내가 있으니 산이 있고
여러 산 두 갈래 물이
남에서 북으로
동에서 서로 흐르는

뿌리물과 암석물의
영원한 고향이다

3부
생각

통일의 환상

동족이니 핏줄이니
눈물 짜지 말자

핏줄 그리워 통일한다더니
70년이 넘었다

우리 할배, 할매
지게 지고 마차 끌고
간도로 시베리아로 떠났다

아빠 엄마는 바다 건너
하와이로 브라질로
먹고 살려고 고국을 등졌다

통일이 밥 먹여주지 않는다
그래도 통일해야 한다는
민족주의 허상이여

뜬구름 좇다
뜬구름 속에서 헤매는 미로여

동행(同行)

어깨 겯고 같이 가는
동행은 아름답다

거기엔 계급이 없고 갑질도 없다
둘이 가든 열이 가든

종대로 헤쳐 모여도
꼴찌가 없는 것이 동행이다

오합지졸처럼 모여도
뜬구름을 쫓아가도

그곳엔 '멘토'가 있고
'리-더'가 있다

이끌려가도 내 의지로 가고
서서가도 몸을 낮추며

동행은
행복을 동행한다

보나마나

나의 고집과 너의 자존심이
물에 기름 떠간다면
덤덤한 일상(日常)은
보나마나 지루할 거야

나의 유머와 너의 애교가
비빔밥 섞인다면
덤덤한 일상(日常)은
보나마나 행복할 거야

첫소리 헛소리

닭의 목을 비틀어도
새벽이 온다는 닭의 해
왜 애매한 닭 모가지를 비트나
세월은 가게 마련인 것을

'꼬끼오' 자세를 뽑고 기를 모아 목청껏 내지른다
천하를 호령하고 식솔들을 호령한다
천하는 움직인다
기지개 켜고 굴뚝엔 연기 오른다

이제 묵은 때 떨어버리고
관념에 찌든 꼴통의 머리를
흔들어 깨우자
닭의 목이 비들려도…

땅

어려서 '땅 뺏기 놀이'를 한다
사금파리 튀겨서 네 땅을 뺏어
한 뼘으로 반달을 그리며 내 땅을 넓힌다
땅 뺏기 놀이는 재미가 있어
시간 가는 줄 모른다

어른이 되어서 땅 장사를 한다
강남 땅이다 종중 땅이다
돈 벌어 빌딩 짓고 땅땅거리고 사니까
하늘 높은 줄 모른다

세 살 버릇 여든까지 간다

발가벗은 自由

자유는 발가벗은 나신(裸身)이다
속박 걸치레를 싫어한다
자유는 본래 아름다워서
질시와 미움을 받는다

'누드'는 발가벗은 몸을
예술로 치장한다
예술은 아름답지만 자유가 아니다
자유는 치장하지 않기 때문이다

구속받지 않는 자유
나는 자유를 가졌는가
자유로운가
묻고 있다

내 것, 나만의 것

1.
내 것이 무엇이 있을까
내가 가진 것이 무엇인가
집이나, 피아노, TV 같은 것
책이나 만년필도 있지 않을까
빈주먹으로 태어나 많은 걸 얻었지

내가 지은 수필이나 시(詩)는 어떤가
내 영혼을 짜낸 것인데
나와 어쩌다 만나 같이 살아온
아내와 자식은 내 것이 아닐까

2.
내 분신(分身) 같은 내가 가진 것
언제까지 더 가질 수 있을까
무엇을 더 가지려 악착같이 사는가
나는 점점 내 것으로부터 멀어지고 있다

내 가진 것이 나를 떠난다
친구도 가고 애인도 가고 재산도 가고
내 꿈도 멀어져간다
공수래(空手來) 공수거(空手去)다!

자유와 죽음

옛날에 자유 아니면 죽음을 달라 했지
지금도 자유의 깃발은 죽음과 싸운다

코로나는 어디서 왔는지
유령처럼 세계 도처에 사람을 죽이고 다닌다

시작은 미미한 듯 별것 아닌 것이
성경 말씀처럼 지금은 창대해졌다

이 싸움(전쟁)에 유일한 무기는
마스크와 거리두기다

쉬운 듯한데 사람들이 싫어한다
가고 싶고 보고 싶고 먹고 싶은 곳 찾아
내 맘대로가 자유다
사람이 죽으면 그만인데

죽음을 무릅쓰고라도 자유를 찾아야 하는가
자유를 포기하고 목숨 건져야 하는가

연골(軟骨)

뼈는 연골에 움직인다
설 수 있고
걷고 달리는 것이
연골 때문이다

연골은 소프트해서
안 깨지고 안 떨어진다
우리도 연골처럼
서로를 붙잡고 살자

시 짓는 날

시 지을 나이 아닌데

흰 종이에 시 한 편 담으라는
독촉에 펜은 잡았지만

상념(想念)의 꼬리 물기가
관념(觀念)의 세상을 헤맨다

해박(該博)한 지식으로
시 되지 않고

천박(淺薄)한 언어를 포개도
시 되는 게 아니다

조금 남은 감성(感性)도
시 되게 하지 못한다

백치(白痴)가 하이얀 색으로
흰 종이에 그리는 시 짓기를 한다

갈등의 미학

존재하는 것은 불변하는데
사람들이 그 존재를 놓고
진실이다 허위다 싸운다
진실이나 허위는 반대가 아니라
같은 의미로도 작동한다

갈등의 본질은
우리 삶을 피곤하게도 하지만
생기를 불러 살맛나게도 한다

사랑하는 것

나는 사랑한다
한 줌 흙으로 귀의하는
인간을
그리고 허무(虛無)라는 패배주의도
하늘 향해 두 팔 벌려
태양(太陽)을 안는 낭만도
위대(偉大)한 행동주의(行動主義) 헤밍웨이도
부조리(不條理)의 카뮈까지도
나는 사랑한다

우리

1.
언제 우리는
네 뜻과 내 뜻이
하나로 '우리'가 되는가

2.
'우리'를 버리고 산 날
네 편과 내 편
네 탓으로 살았지

3.
서로를 죽이려는
미친 짓이 언제 끝나는가
저 잘난 '사피엔스'의 종말이 보인다

4.
너와 내가
'우리'가 되면
천지가 개벽할 거야

당근과 채찍

말에게 당근만 많이 먹이니까
말은 말을 듣지 않는다
이리 가라면 저리 가고 하지 말라면 응석부리며
앞발을 높이 들고 힝힝힝 아양을 떤다

이노-옴 하고 주인이
호령을 해도 말은 눈을 지그시 감고
살덩이를 살래살래 흔든다
징그러운 놈

그래서 주인은 채찍을 들었다
회초리로 엉덩이를 때리며 가차 없이 아프게 다루니까
매 맞을 때 그때뿐이고
회초리의 빈도는 잦아지고 주인은 피곤해졌다
말은 전처럼 앞발도 안 들고 응석도 안 부리고
큰 눈도 지그시 감지 않았다

그래서 주인은 당근도 주고 채찍질도 하였더니
말은 더 사나와져서
당근도 싫다 채찍도 싫다 도망치고 말았다
주인은 말이 달아난 먼 산만 물끄러미 바라보았다

똥개와 서양개

1.
팔자소관일까
똥개와 서양개
태어난 곳 다르지만
사는 모습도 다르다

2.
똥개는 천덕꾸러기
이 땅의 토종개다
천성이 착해서 발길에 채이고
매 맞으면서도 꼬리치며
주인을 따른다

매년 여름 복(伏)날에
끌려가지 않고 용케 살아남아도
죽기 전에 주인 보신을 위해
제명에 죽지 못한다

똥개는 반려견도 못되고 유기견도 없다
몸값을 하는 건가

3.
서양개는 고깃국에 갈비 뜯으며
주인 사랑 받는다

천성이야 착하지만
성질 있고 주인에게 대들고
물기도 한다

아프면 병원 다니고
제명에 죽어도 장사 지내주고
비석까지 세우고 슬퍼한다

서양개는 반려견도 많지만
유기견으로 죽여버리기도 한다

4.
팔자소관일 거야
똥개와 서양개
죽어서 가는 곳도 다르다
조상 탓일까
주인 탓일까

바다가 삶이라는 시

- 님을 그리며

너는 파도치는 바다
가슴을 묻으면 숨 가쁜 맥박
고동치는 심장이 파도되어 부서지는
격정의 삶이 거기 있어라

너는 잔잔한 바다
얼굴을 묻으면 갈매기 소리
고요한 자장가 끝없이 침전하는
평안의 삶이 거기 있어라

너는 밀고 써는 바다
너 앞에 서면 하늘 땅 끝 간 데 없는
지평 너머로 양수의 고향 그리는
연민의 삶이 거기 있어라

시와 시집

시가 인간사의 뜬구름 같다면
시집은 상상화의 도록이 아닌가

시는 시집으로 숨 쉬고
그 안에 시인이 산다면

그러면
시가 죽으면

시집은 시체가 되고
시인도 거적을 쓰겠지

위대한 손

그 옛날 나뭇가지 잡고 사과 따먹고
살아온 조상의 손
은혜의 손

호미 들고 농사지어
밥 먹여준 농부의 손
생명의 손

사람 되라 회초리로 키워준
엄마의 손
위대한 손

스스로 두 팔 벌려
손뼉 치는 나의 손
희망의 손

사랑

눈을 맞춰보자
내 눈에 네 눈이 들어오고
네 눈에 내가 보인다면
그것이 사랑인 것을

두 손을 잡아보자
내 손에 너의 따뜻함이
네 손에 나의 심장소리
그것이 사랑인 것을

눈 감아보자
보이지 않아도 볼 수 있고
잡히지 않아도 만져지는
그것이 사랑인 것을

물이 흐르는 의미

물이 흐른다
빗방울이 모여 물이 솟는다
골짜기 바위 틈새로
차례로 생긴 대로 앞서거니 뒤쫓거니
아래로만 흐른다
높으면 돌아가고 부딪히면 물러서고
내 자리 찾아 차례 있게 흐른다

깊으면 고인대로 무겁게 가라 안고
얕으면 올라 앉아 내 길을 찾는다
굽이치고 돌아 낭떠러지로 굴러도
가야할 길이 앞에 있으니
쉬어 머뭇거려도 그렇게 가는 세월이라고
뉘라서 밀고 당기지 않는다

여유가 있기에 물은
밀어를 속삭이고 노래 부르며
꽹과리도 치며 간다
깽깽이 같이 웃기도 하고
작은북 리듬도 치며
그를 낳아준 산을 내리며

바위를 돌며 어린애처럼 즐겁다
사물놀이 꽹과리처럼
징그렁 징그렁
더덩 더덩덩
거문고 치고 비파도 켜고
내 노래도 하고 합주도 하면서
산을 돌고 바위를 탄다
밤에는 "집시의 달"
낮에는 장엄한 "오케스트라"로
"몰다우강"을 연주한다

살아있기에 흐르고
흐르기에 노래한다
물은 물일뿐인데
운명 애환 인생이 있다고
누군가 지껄였다

인생의 놀음판

돈 잃고 돈 따는 놀음판
돌고 도는 돈이
돈방석에 앉는 자 쪽박 차는 자
갈리는 곳

운칠기삼(運七技三)은
놀음판의 사자성어(四字成語)
기술 3을 믿는 타짜와
운 7을 믿는 자가 대결하는 곳

돈을 땄으니
더 따야 하는 무한 욕심을 감추고
웃음으로 위장하는 곳
동물적 근성이 극과 극으로 갈려
뿌리를 찾아가는 곳

결사 항쟁이 있고 절대 강자가 없는
무한 대결의 장

누구나 한 번쯤 빠져보고 싶은
호기심 천국(天國)

너는 모를 것이다

너는 모를 것이다
내가 나를 모르듯이

사랑했다 미워했다 하는지
서로가 자기를 모르면서

어느 날 울다가 웃다가
네 잘났다 내 잘났다
암팡지게 싸우며 미워하다

그러다 슬어지는 한낱
미물인 것을
너는 모를 것이다

욕망(慾望)과 파멸(破滅)

과학은 우리 삶의 질을 높이고
人間 수명을 100재(才) 시대로 열었다

인간은 싸우고 죽이는 무기를 만들어
부수고 불태워 전쟁놀이를 즐겨하며
모두가 살아진 고지에
깃발을 꽂고 희희낙락하였다
승자는 위대하다고

인간 씨알들이 도처에서 죽어나가도
세상은 그런 거려니 외면하고 고민하지 않았다

오늘도 인간들은 생명의 씨앗을 만들어
총알받이를 생산해내고
전쟁을 좋아하는 악마가 되었다
고로 인간의 성정은 성악설이 맞는다

깡통과 목탁

깡깡 탁탁!
거지는 깡통으로 중은 목탁으로 살아간다

거지는 깡통 장단에 타령으로 빌어먹고
중은목탁 장단에 염불로 얻어먹는다

거지는 다리 밑 움막에 살고
중은 절간 기와집에 살지만 제 집이 아닐 뿐이다

둘은 가진 것 없으니
잃을 것도 없고

애초에 빈손으로 온 인생
빈손으로 돌아간들 어떠랴!

까강 깡깡!
타닥 탁탁!

감동에너지

감동하는 동물은 인간뿐이고
감동을 연출하는 것도 인간뿐이다

열광하지 않는다면
감격하지 않는다면
슬퍼하지 않는다면
분노하지 않는다면

아름다움에 취하고 슬픔에 눈물짓고
흥을 일으켜 춤추는 것이 인간의 모습이라면

고개 떨군 군중
핏기가 사라진 인간
굽어진 허리의 노인

그리고 오래전에 메마른 내 영혼을 본다
언제부터 감성 촉각이 무너져버렸다

감동이란 생명체는 이제 쉬고 싶은가
나는 오늘도 멈춰선 감동의 '에너지'를 수선하고 있다

백수와 거지

앉을 자리 없고 서서라도 기댈 곳 없고
땀 흘릴 땅 한 평도 없다면 백수다

여기에 더하여 집 한 칸 없고
먹여 살릴 식솔도 없다면 거지다

백수는 무능과 팔자를 비관하고
거지는 동냥 하나로 천하가 태평하다

백수가 수신제가 하려는데
거지는 평천하를 꿈꾼다

4부
생활

4월엘랑

4월 중순인데 2박3일 유채꽃 보러갔지
가던 날부터 비바람 치더군
우산이 뒤집히고 신발 속에 물이 고이고
말이 아니더군

다음 날도 여전하더군
우비를 주고 중무장으로 떠나더군
나는 포기했지
남은 자들만 모여 고-스톱을 했지
동양화를 감상하며 술도 마셨지

셋째 날은 아예 비행기마저 못 뜬다는군
동양화 클럽은 눈웃음을
주고받으며 또 한바탕 벌였다네
집에다 전화 거느라 분주하더군
'천재지변은 하늘의 축복'이래나

4월은 잔인하더군
시인이 아녀도 말이야
4월에는 어디 나서지 말게
비바람이 웬수여

떠나는 사람들

버리고 떠난다
불 지르고 떠난다
순희네도 가고
이웃도 가버렸다
희망의 피안을 간단다
만세 부르며 神바람을 일으킨다
부수고 간 문짝 너머 들녘엔
오곡이 영그는 10월인데 혁명하기도 좋단다

영감과 노파만 남았다
영감은 툇마루에
노파는 문설주에
힘이 빠져있다
두렵고 외롭다

와와, 함성이 들리고
깃발이 지나간다
선소리도 들린다
상여소리도 들린다
'이제 가면 언제 오나'
'어이 어 어이 어…'

금연과 작심 3일

1.
하얗게 된 오른쪽 폐
x-ray 사진을 가리키며
죽음과 금연을 선택하라는 의사의 협박(?)으로
자존심 꺾고 금연을 택했다
그때 나이 75세
중3 때 시작한 흡연이 60년이 되었다
숱한 정월이 올 때마다
금연의 결심은 작심삼일(作心三日)로 돌아갔다

담배가 내게 준 가치는
위로와 용기 그리고 인내였다
의지가 약한 나에게
담배는 위로와 용기를 주고
화가 났을 때 참는 것을 가르쳤다

그리고 깊은 담배 맛이다
목구멍으로 삼켰다 뱉는 담배연기의 맛
식후에 피는 담배 맛
어느 산해진미와 비교할까

담뱃재를 떨지 못하고
덜 탄 꽁초로 호주머니 구멍 내고
잠자리에서까지 피우던 담배
졸음으로 끄지 못하고 이불 태우고
배고팠던 군대 3년에
내 건빵주고 화랑담배로 바꿔 피우던
숱한 무용담을 만들어냈다
하루 두 갑 연기로 날리는 골수애연가였다

손가락은 노랗게 타고
가래를 끓는 기관지는
망가져도 애연가의 길을 갔다

2.
이제 흡연은 모든 이의 질시를 받는다
심지어 아내도 아들딸도 손자며느리도
친한 친구까지도 머리를 젓는다
같이 죽지 않겠단다

이 세상은 흡연자의 지옥이 되어간다
새해에도 작심삼일로 끝날 건가
사랑의 옛 전우야!

씀바귀

씀바귀나물 씹으면
쓴맛이 목구멍을 넘길 때까지 향그럽다
사람도 쓰게 만들었다
위액 이자즙 쓸개즙
매우 쓰다고 하는데
쓴맛이 혀에 맴돌면
식욕이 나고 다시 젓가락이 간다

쓴맛은 그 맛이
담백해서 좋고 단순해서 좋다
쓴 것은 개성이고 독특함이다

씀바귀를 씹으며
쓴 세상도 삼킨다

우리들의 텃밭

손바닥만한 밭에서
아내는 꽃을 피우고
나는 채마를 가꾼다

아내는 장날 꽃 사오고
산에 올라 꽃나무도 캔다
꽃씨 받고 물주고
거름 주고 옮겨 심는다

나는 씨앗 뿌리고
상토 흙에 새싹도 기르고
물주고 솎아주고 김매기를 한다

우리는 다른 취미로 살지만
내가 심은 푸성귀로 아내는 음식을 만들고
아내가 기른 꽃나무를 추울 때는
내가 집안으로 날라들인다

아내는 눈으로 즐기는 심미주의자다
우리는 손잡고 하는 일보다
등 돌리고 하는 일이 더 많다

할매와 귀신

할매는 임금 섬기듯 귀신을 섬기고 있었다
할매는 하인 부리듯 귀신을 부리고 있었다
장독간에 댓돌 위에 귀신을 모아놓고
떡도 주고 물도 주며 두 손을 합장하여 빌었다
애비가 감기 들어도 손주가 돌부리에 넘어져도
할매는 방에서 마당에서 빌었다
할매는 뒷곁 굴뚝에도 부엌 아궁이에도
귀신이 있는 곳을 다-아 알고 있었다

할매는 믿고 있었다
보이지 않지만 보이듯이
누가 가르쳐주지 않았어도
배운 듯이

귀신이 할매 앞에 있었다
할매가 귀신 앞에 있었다
귀신을 달래고 빌 때도 있고
야단치고 물러가라고 혼도 냈다
할매는 귀신과 같이 살다가
홀로 돌아갔다

엄마의 죽음

우리 엄마는 돌아가기 전
어딘가에 목숨을 맡기셨다
딸들은 하느님께 귀의하는
거룩한 목숨이라 하고
'요단강 건너가 만나자'고 했다

먼저 간 작은 며느리는 전생의 인연으로
돌아가셔도 연꽃으로 피어난다고
'남무아미타불' 염주를 돌렸다
큰 며느리와 손자들은
천주(天主)의 기도로 넋을 빌고
연도(憐悼)로 모여 찬미하였다
나는 '현비유인초계정씨신위'란
지방에 향 피우고 술을 올렸다

엄마는 작년에 백수(白壽)를 1년 남기시고
음력 동짓달 열이렛날
당신의 생신날 전에 돌아가셨다
모두 복 받은 노인이라 했다
모두 호상(好喪)이라 했다

반(半)의 반 평(半平) 행복 찾기

봄에 들깨 씨 두 줄(90Cm × 2)를 뿌렸더니 무성하게 자라서 여름내 깻잎을 따서 쌈 싸먹고도 가지가 잘 자라 내 키를 넘고 밑동은 펑퍼짐하게 퍼져서 솎아내고 남은 것이 열두 포기쯤 되고 가을 냄새나자 꽃망울이 영글며 하얀 씨를 까고 있길래 참새가 드나들 적에 줄기 몇 개를 따서 찹쌀가루 묻혀 기름에 튀겨내고 누런 잎을 따서 실에 꿰어 간장에 담가서 미각을 갈무리하고 서리 내리기 전에 모두 베어서 한 쪽에 세워 말렸다가 보자기를 깔고 하나씩 가져다가 회초리로 타닥타닥 털어서 얼개미 체로 치고 키로 까부르니 한사발이나 되길래 씻어 말리고 불에 볶아서 쇠절구에 빻아 찬그릇에 넣어두고 나물 무치는 데 버무리는 데 지지고 끓이는 데에도 한 숟갈씩 넣으니 겨우내 입맛을 돋우는 고소미(味)가 되어 반 평 땅에서도 행복을 얻을 수 있다는 것이다

김칫독 유물

작년에 묻은 김칫독 하나
다 퍼먹고 빈 독인 채
금년을 넘긴다

김치 냉장고 장만했으니
파낼 일 없어진 김에 그대로 두어
유물로 삼고 싶다

스무 폭의 날김치 품고
비바람 피해 추위를 막으며
뜸 들여 빚어낸 김치 맛
그 솜씨도 그대로 두고 싶다

묻힌 채 수백 년
짧은 인생의 사연
공수래공수거의 허심(虛心)도 담아
유물을 만들고 싶다

꽃바람

1.
며칠 따뜻하길래
동내의 벗었다가 3일 만에 다시 입었다

꽃 시샘 바람은 끝없이 불어와
가진 것 없는 이의 목줄기를 파고들어와
오장까지 서늘케 하기에
감기 들새라 외출도 포기했다

발아래 잔디는 파릇하고
버들강아지 물오른 지 보름도 넘었는데
냉이 캐는 들녘의 아낙은
얼굴을 꽁꽁 싸맨 채
몹쓸 바람과 싸우는
춘래불사춘(春來不似春)이라

2.
벌써 한 달 넘게 외출을 못 한다
'코로나19'라는 세기의 전염병이
전 세계를 위협하는 지금
모든 나라는 흩어져있던
자기나라 백성들을 불러들이고

다른 나라에 나가지 못하게 하고
나라 문을 걸어 잠궜다

유사 이래 한 백성끼리
오순도순(?)한 핏줄끼리 살게 되었다

이 땅에서 살다가 이 땅에서 죽게 되었다
이게 진짜 민족주의 아니가
우리끼리 사니까 더 행복할 거야

모를 것이다

아내여! 당신은 모를 것이다
오늘도 만원버스에 밟히는 구두
너절한 남아의 가슴이
아침부터 깃발처럼 찢기는 것을

마이카시대 홍수를 이루는 자동차들을 피해 달아나며
나는 자꾸 어디로 달음박질하는가
아내는 모를 것이다

예스맨으로 두 손 비비며 살기 몇 년인가
어쩌다 비윗살 건드린 상사에게 꾸중 들으며
이 잘난 자존의 심연마저 갈가리 패일 때
남아의 큰 가슴도 우는 것을 아내는 모를 것이다

한 대포로 푸념하며 돌아가겠다는 나와
식은 찌개 불 달리며 기다리는 너와
어디쯤에서 만날까
흰빛 되어 술잔에 담기는 어지러운
너의 영상을 마신다

영겁으로 회귀하여

다시 만난 시공의 인연인가
원리가 만든 애증일까
어쩌다 같이 만나 운명하는
너와 나의 인생이여

태초에 맺어진 인연을
애써 모를 것도 없는 것을
그렇게 우리는 너무도 모르고 사는구나

가을 향연

고추를 말린다
청양고추도 애호박도 썰어 말리고
가지도 쪼개 널어 말린다
수세미는 주렁주렁 사다리로 오르고
흥부의 박은 누렇게 영근다
김장 배추는 땅 내를 흠뻑 받아 너울너울 춤추고
키만 커진 무는 비스듬히 누워버렸다
실낱같던 대파도 이젠 사슴다리만큼 빳빳해지고
도리지 더덕도 화려한 꽃을 자랑하더니 씨앗을 품었다
여름내 주스를 만들어준 토마토,
이제 노병의 목처럼 쭈글해지고
병치레로 겨우 살아난 오이 다섯 포기
하늘로만 자라며 늦둥이를 품는다
찻물에 담근 오이지가
원조(元祖)가 되어 여름 밥상을 오르고
고구마는 터질 듯 땅을 밀어내고
무성한 들깨는 참새 떼를 불러 '끼드득'거린다
가을 향연은 배부른 예술이다

한여름을 보내며 · 1
- 2010년 8월

한 달에 스물두 날이 비 오고
주말마다 천둥번개

바캉스가 뭔고
하늘 덕에 돈 굳고

오늘도 낮잠 자는 Y씨
허리만 안 아프면

생애 가장 좋은 여름을 보낸다고
자위한다

한여름을 보내며 · 2

비 올 듯하다, 해도 보였다
밤엔 35도의 열대야
천둥번개가
국지성 폭우를 몰고 온다고
축대 보살피라
일기예보는 알려준다
우산 쓰고 가던 Y씨
벼락이 떨어져
아랫도리에 화상 입었다
대낮의 도시에서

찔레

5월의 하순 지나야
내 집의 장미는 꽃을 피운다
마당 끝 수돗가
장미나무 심은 지 14년
내 집 아이와 같은데
오랫동안 화려한 꽃으로 영화롭더니
작아진 꽃
빛바랜 찔레가 되었다

친정으로 돌아온 사연 모르고
누구는 장미라 하고
누구는 찔레라 한다

슬어지는 아이
– 세월호 비극

한번 뒹굴다 일어섰다
벽을 잡아도 미끄럽다
힘이 빠지고
갑자기 보고 싶은 얼굴
엄마의 젖비린내
'엄마야'

어두워진다
누군가 다가와 따듯하다

'내 딸 이리 나와!'
아빠의 소리도 들린다
할머니의 소리도

뭔가 절박한데
차가운 물이 차오른다
죽을 것 같다
답답하다

잡았던 친구의 손
어디로 가고 있다

<

말이 나오지 않는다
아무도 잡지 않는데 움직일 수가 없다
몸은 점차 화석이 되는 것 같다
숨은 쉬고 있는데
'이대로 수중의 미이라가 되는가?'

화장대 앞으로 간다
아주 예뻐 보인다
예쁜 아이는
그저 그렇게 우리 곁을 떠난다

분노

그 크다는 배
어뢰에 맞았나
갑자기 꺼꾸러지다니

악마가 갖고 놀았구나
400명의 생명을
인당수라구…

꽃 같은 애들
바다가 안 보이는 곳으로
굴렀지

손 한번 못 뻗고
사라진 자리엔
‘살고 싶다’
울부짖는 영혼의 소리

파도가 미는구나

5부
자연

여름 예찬

불을 토해내는 계절
너
여름이 식기 전에
뜨거운 태양으로 오라

쌓이는 쓰레기와
오염의 하늘 아래
달아나는 몰골들

화산처럼 와서
뜨거운 여름으로 태워라

여름이 가기 전에
우리
깨끗한 태양으로 만나

아름다운 강산을
노래하자

음지(陰地)에서도

씨앗 하나가
하필이면 음지에서 싹을 틔웠다

그늘에 살며 햇빛 바래 슬퍼하지만
운명인 걸 어쩌랴

키 큰 형놈들 먼저 나와 하늘 차지하고
저희들끼리만 '키 다툼'을 하는데

음지에도 건 듯 부는 바람타고
은밀히 찾는 손님 있길래

각씨방에서 열애를 하고
나 보란 듯 종의 기원(種의 起源)을 만들었다

동장군(冬將軍)

동장군
누가 그를 장군이라 했는가
그가 휘파람을 불면
쇠바람 일으켜 문풍지 찢고
후- 하면 대지가 얼어붙는
동토(凍土)의 땅이 된다
바람을 몰아 가을을 쫓아내고
무서리를 뿌리면 자연을 단풍으로 덮는다

그는 장군이면서 대포 한방 안 쏘고
저 넓은 시베리아를 점령하고
북극의 얼음 땅을 지킨다
1년이면 한 번씩
그가 지배하는 땅에서
한철을 살고 간다
사관학교를 안 나왔지만
장군으로 행세하는데 손색이 없다

자연과 인간

자연은 때를 씻는다
능숙한 솜씨로

태풍으로 쓰레질
폭우로 물걸레질

여기에
실낙원을 만든다

하이얀 하늘 도화지에
구름을 가게하고 무지개를 색칠한다

바다 속에는
천연색 시네마를 생중계하고
광야에는 동물왕국 만들어
사자와 도끼가 살게 한다

인간은 더럽히고 어지르며
오물 더미에 살면서
한 마리 파랑새가 되어
사랑노래만 재잘댄다

여름
– 여름이 식기 전에

지구는 식는다
아직도 뿜어내는
오장의 열기는 역겹지만
너는 뜨거운 불꽃으로
화산을 터뜨리고
대지를 평정했다
치워도 쌓이는 쓰레기
오염에 찌든 대자연
무서워 도망치는 인간의 몰골들

치워라 태워라
여름이 좋다
뜨거움이 좋다
태우고 쓸어버려 좋다
땀을 쏟아 좋다

아직은 파리 떼 밥상 위에 놀고
모기 떼 인간의 피를 빨아도
불타는 여름 식기 전에
찜통에 들어가
'나무아미타불' 인생을 배운다

자연

자연은 스스로 한다
휘이 태풍으로 쓰레질
쏴쏴아 폭우로 걸레질
오물은 바다로
먼지는 하늘로 정화한다

일찍이 원자탄 만들어
사람을 죽이더니
원자로를 만들고 핵이 흘러나올까
잠 못 자고 있다

지구는 점점 뜨거워져
빙하는 녹아내리고
찜통더위가 생명을 죽이고 있다
이대로 가면 지구의 종말은 사실이 되고
아이 낳고 싶지 않을 거야

거미의 교훈

1.
거미는 요술쟁이다
물레에서 살 뽑듯
끈끈한 줄을 뽑아
삶의 터전을 잡는다

거미는 '디자이너'요
건축설계사다
그물 가운데는 촘촘하게
작은 날파리도 잡고
가장자리는 성글게
잠자리도 잡게 만든다

굵은 줄로 대들보 깔고
그 밑으로 서까래를 깐다

지형지물도 이용하고
안전도 진단하고 환경도 생각한다

쓸만한 곳을 잘 잡으니
지관(地觀)이다

2.

그물을 쳐놓고 먹이를 기다린다
한 시간이고 두 시간이고
인내도 배울 점이다

거미줄에 걸려들면
끈끈이로 포박하고
서서히 명줄을 끊는다

거미는 산 놈만 잡아
싱싱한 것만 먹는다
사냥꾼 미식가다

거미는 적을 홀리거나
'트릭'을 쓰지 않는다
'나는 놈 위에 거미줄이 있다'고 우리를 가르친다

위대한 자연

된서리 맞고 호박잎이 후줄근하다

고춧잎도 패잔병의 몰골이고

노랑 다알리아도 꼴불견이 된다

배추밭엔 천막 덮고

뜨락의 화분은 집안으로 들인다

오늘도 자연은 자연을 파괴하고

새 자연을 만든다

<작품해설>

포천 성현들의 발자취를 따라 실천한 또 한 분의 성현을 만나다

김 순 진(문학평론가 · 은평예총 회장)

<작품해설>

포천 성현들의 발자취를 따라 실천한 또 한 분의 성현을 만나다

김 순 진(문학평론가 · 은평예총 회장)

이석구 시인은 포천출신의 포천사람이 아니다. 그런데 포천출신의 포천사람보다 더 포천을 사랑했다. 그는 태어나고 자란 청년기까지의 서울살이를 제외하고는 인생의 대부분을 포천에서 보내신 포천사람이다. 약관의 나이에 포천에서 교사생활을 시작해 포천의 구석구석을 밟는 동안 그의 DNA는 포천화 되어갔고 모든 감각기관이 포천쏠림현상으로 진화되어갔다. 그리하여 그의 우량포천 개량사업은 여러 가지로 진행되었다.

우선 그는 포천의 꿈나무 육성에 앞장섰다. 어찌 하면 동량을 길러서 포천의 미래에 대한 등불을 밝힐까에 고심했다. 이석구 시인은 신북초등학교 교장으로 정년퇴임 때까지 무려 40여 년 간을 꿈나무 기르기에 앞장섰다. 6.25한국전쟁 직후 포천은 그야말로 낙후된 동네였다. 교사들이 가기 싫어하는 기피동네 1순위가 포천이었다. 산간 오지로 분류되던 포천의 어린이들에게는 우선 먹을 것이 부족했다. 하여 빵과 우유를 급식하며, 학교에 식당을 마련하는 등 영양공급에 앞장서면서 건강한 포천만들기에 앞장섰다. 머리와 옷에 이가 들끓고 걸핏하면 옴이 돌던 그때, 아이들의 용의검사와 건강체크는 공부를 가르치는 일보다 우선했으리라. 그러면서도 교사로서 그는 자라나는 어린이들에게 용기와 꿈을 심어주면서 최선을 다하여 포천의 수많은 동량을 길러내셨다. 나는 이석구 선생님의 수업을 받지는 않았지만 시인께서 포천의 노곡초등학교에서 교편을 잡으셨던 바, 이동면의 선후배들이 선생님의 수업을 받았기에 어찌 보면 제자라 해도 틀린 말이 아니다. 아버지보다 두 살이 적으신 1935년생으로 내가 존경하는 박광국 교장 선생님과 동연배이신 선생님은 우리들의 입성과 먹을거리, 그리고 미래를 위한 꿈을 심어주시고 길러내 주신 우리들의 어버이셨던 것이다.

두 번째 이석구 시인이 목표로 삼은 것은 포천의 문화창달이었다. 하여 예술의 불모지나 다름없는 포천에 그는 포천예술인동우회를 창립했고, 마홀문학회를 창립했다. 그 시절이 벌써 32년을 넘고 있으니 그기 빠듯한 봉급을 받고 살던 교사시절에 벌인 일이었다. 그는 김진동 같은 독지가나 손진홍 같은 후배 교사, 이병찬 같은 예술가 등과 함께 예술포천의 당위성을 전파하고 전시회를 열거나 '포천예술인동우회 도록'과 '마홀문학'지를 만들어냈다. 포천문화가 이만큼 성장한 이면에 그의 헌신적 사랑이 들어있었음을 우리 포천사람들은 잊어서는 안 된다.

세 번째로 이석구 시인이 포천사랑의 목표로 삼은 것은 정신문화의 재건이었다. 포천만큼 성현들이 많이 나온 고장은 드물다. 그는 멀리 신라시대로 올라가 최치원 선생으로부터 김수항, 김성대, 박순, 성석린, 양사언, 유응부, 이덕형, 이서구, 이항복, 이항로, 이해조, 조경, 최익현, 홍유손(가나다순) 등 실로 대단한 포천의 정신적 산맥을 잇고 싶었다. 하여 그는 포천시민대종 건립에 앞장서고, 향교와 서원, 사당에 자주 찾아가는 한편 수신제가에 힘을 쏟았다.

그렇게 포천을 사랑한 그에게 포천은 곁을 주지 않았다. 포천출신이 아니라는 이유로, 적임자가 아니라는 취급을 받았으리라. 나는 이석구 선생님께서 포천문화원장을 맡으셔서 우리 포천의 문화를 이끄셔야 한다고 믿었다. 그러나 변방에 있던 나는 그런 바람이 있을 뿐, 어찌 도울 방도가 없었다. 무슨 일이든 포천을 위한 일이라면 발 벗고 나서 함께 하였지만 정작 결정과정에서는 포천출신이 아니라는 이유로 번번이 배제를 당했음을 미루어 짐작하고도 남는다. 하여 그는 포천향토사연구소 소장이라는 직함으로 평생을 보내셨지만, 그것은 어찌 보면 포천을 사랑하면서도 직접적으로 일할 수 있는 기회를 가지지 못한 안타까움의 직함이었다고 생각한다.

이제 이승을 떠날 차비를 하시는 이석구 시인은 이번의 저서 두 권의 제목을 산문집은 『실향의 덫 ·

Ⅰ』로 지으시고, 운문집은 『실향의 덫 · Ⅱ』로 지으셨다. 나는 처음 이런 제목을 받아들고 의아해해야만 했다. 그러나 책을 편집하고 읽어가면서 그 궁금증은 금방 풀렸다. 이석구 시인이 '실향의 덫'이라는 말을 쓰신 것은 무슨 미끼가 달린 덫에 걸려 고향을 잃었다는 말이 아니다. 포천에 살기 싫은데 올무에 걸려 발버둥 쳤으나 도망 갈 수 없었다는 말이 아니다. 포천이 너무 좋아서, 포천 사람이 너무 좋아서, 포천의 문화가 너무 좋아서 그 사람냄새에 걸려 고향 서울을 떠나 살게 되었다는 말로 풀이할 수 있다. 그래서 나는 이석구 시인의 이 같은 뿌리 깊고 올곧은 포천사랑에 감사드리며, 특히 포천에 살면서 받으셨던 상실감에 대하여 포천출신 학자로서, 포천 유수가문의 한 사람으로서 심심한 사과를 표하는 바이다.

그의 포천사랑에 대한 흔적은 이 시집의 곳곳에 산재되어 있다. 정작 포천출신이면서 시를 써서 밥을 먹고 있는 필자는 포천에 관한 시를 몇 수밖에 쓰지 못하였는데, 이석구 시인은 뼈마디마디에서부터 피 한 방울까지 모두 포천사람이라 모든 시가 포천의, 포천에 의한, 포천을 위한 시로 재탄생되고 있다.

이 시집은 크게 5부로 편집되어 있다. 이 시집은 이석구 시인의 마지막 시집이다. 그런 시집을 원로 시인께서는 어떻게 구성하려 하셨을까? 고심한 흔적이 곳곳에서 발견된다. 아마도 수십 번은 넣었다 뺐다 하셨고, 문장을 고치고 시어를 교체했으리라. 그렇게 해서 편집

된 1부는 '노년'이란 카테고리로 이석구 시인이 노년생활을 함에 있어 어떤 자세로 임하는지, 우리 후대들에게 들려주고 싶은 이야기는 무엇인지가 잘 나타나 있다. 2부는 '사람'이라는 카테고리로 '포천애'라는 부제가 붙어 있는데, 그가 얼마나 포천을 사랑하고, 포천사람으로 자부심을 가지고 있으며, 포천 발전을 위하여 얼마나 고심하고 있는지를 잘 보여주는 대목이라 하겠다. 3부는 '생각'으로 이 대목은 87세 어른의 생각은 어떤 것일까? 무슨 말씀을 남기고 싶고, 무슨 말씀을 후대들에게 해주실까 귀를 기울일 대목이라 할 수 있다. 4부는 생활로 어떤 삶을 살아왔으며 무얼 먹고 무얼 추구하는지에 대한 시라 할 수 있다. 5부는 '자연'인데, 자연은 누구에게나 스승이고 친구지만 특히 노년생활을 하는 학자시인으로서의 자연은 더욱 가까울 수밖에 없을 것 같다.

그럼 이쯤에서 그가 얼마나 포천을 사랑하고, 포천 속에 녹아들어 살고 계시며, 얼마나 포천다운 분이신지 시 몇 수를 읽어보면서 그의 문학세계를 여행해보자.

백운산 국망봉(國望峰)에 뿌리를 두고
흘러내리는 영평천 암석(岩石)물은
백운계곡을 접어들며 동에서 서로 흐른다

이 바위 저 돌과 부딪고
선유(仙遊)의 협곡(峽谷)을 빠지며
급한 발길을 재촉한다

이동(二東)을 흘러 노곡(盧谷)에서 용곡소를 만들고
평촌교(平村橋)에서 청계산(靑溪山) 물과 마주한다

(중략)

뿌리물과 암석물이 마주치는 영중(永中)에서
두 줄기 물은 한동안 갈래를 이루어간다

오른쪽에 영평벌을 만들어놓고
금수정(金水亭)을 돌아서는 하나가 되고
쉬엄쉬엄 쉬어가다 창옥병을 만나고 이어가면

한탄강의 화적연 씻은 물과 같이 임진강에 이른다
큰 바다 서해를 향해 장장 백리 길
여정(旅程)을 거두고 고향을 떠난다

포천은 내가 있고
내가 있으니 산이 있고
여러 산 두 갈래 물이
남에서 북으로
동에서 서로 흐르는

뿌리물과 암석물의
영원한 고향이다

- 「포천(抱川)의 물길」 부분

이런 시를 써주셨다는 게 포천사람으로서 너무나 감

사하다. 이런 거룩한 시를 읽을 수 있다는 것이 너무나 행복하다. 뿌리물과 암석물을 발견하고 그 물의 원천을 따라 함께 포천의 역사로 흘러갈 수 있다는 것이 자랑스럽다. 포천(抱川)이라는 글자는 안을 포(抱) 내 천(川)이니, 말 그대로 냇물을 안고 있는 동네라는 말이다. 큰 내가 흐르려면 큰 산이 있어야 한다. 이석구 시인의 시에서 보듯, 포천은 크게 두 개의 내로 이루어져 있다. 하나는 "축석(祝石), 운악산(雲嶽山)을 시원(始原)하는 / 한내"가 그것이고 또 다른 내는 "광덕산(廣德山), 백운산(白雲山)에서 태생(胎生)하는 / 영평천(永平川)"이 그것이다. 포천은 원래 두 개의 현이었다. 남쪽으로는 포천현이 있었고, 북쪽으로는 영평현이 있었다. 그래서 포천현감, 영평현감이 따로 있었다. 포천현은 지금으로 말하면 소흘면, 내촌면, 가산면, 포천동, 신읍동, 신북면 등인데 이곳에서 각자 발원한 물이 한내천으로 흘러드는 것이다. 영평현은 이동면, 일동면, 관인면, 영북면, 영중면 등인데, 이곳에서 발원한 물이 영평천을 흘러가다가 영중면 오가리에서 한내천과 만나 영평강, 즉 오가리강을 이루고 다시 한탄강과 만나 흘러가다가 임진강으로 흘러 서해바다로 나가는 것이다. 그런데 시인이 정말 특별한 시각을 가지고 있어야 한다는 말을 이런 대목에서 공감하면서 무릎을 치게 된다. 어찌 포천의 지리를 이리도 꿰뚫어보고 계실까? 마치 지도를 펼쳐놓고 설명해주시는 듯하다. 내가 학생 때 부르던 포천군민의 노래에는 "한반도 어린 정기 자위 맺히어 / 뭇부리 열두 고을 한내 맑은 곳 / 대대조상 근면의 얼 가락쳐 흘러 / 일한 보람 기름진 땅 우리의 포천"이라 불렀던 기억이 새롭다. 보통 1절은 그 고장의 이름 난 산이 나오기 마련인데 포천군민의 노래는 포천이란 이름의 특성을 잘 알아차렸는지 포천을 '한내 맑은 곳'이라 명명했음이 현명하게 다가온다. 이석구 시인이 이 시에서 거론한 지명 "축석, 강씨봉, 종현산, 가산, 읍내, 만세교, 청학동, 백노주, 귀낙정지, 영평천, 백운산, 국망봉, 영평천, 백운계곡, 선유담, 이동, 노곡, 용곡소, 평촌교, 청계산, 와룡암, 풍혈산, 성동, 영중, 영평벌, 금수정, 창옥병, 한탄강, 화적연" 등은 포천의 대표적 명소이자 고장이다. 이런 시를 써서 곳곳의 지명을 불러주심은 포천의 문화역사와 후학들의 가슴에 길이 남으리라 생각해본다.

면암은 나라 사랑을 말로 하지 않았다
상소의 글로 나라님의 잘못을 꾸짖고
탄원하고 애원하였다
바로 잡히지 않기에 도끼를 짊어지고
나라님을 위협하고 항거하였다

괘씸하다 미움 받았기에
흑산도 제주도로 귀양갔지만
면암은 원망하지 않았고
모름지기 자신의 영화를 위해 살려하지 않았다
높은 벼슬을 주어도 걷어차고
오직 나라 기우는 한가운데서 나라 걱정뿐

편안이 살기를 거부했다

(중략)

면암은 죽었어도 죽지 않았으니
면암의 항일 저항정신은 민족의 혼으로 이어져
각처에서 무장봉기를 일으키고
임시정부가 수립되며
3.1독립만세를 일으킨 요원의 불길이 되었다

금년은 면암 가신지 112년이 되는 해
포천이 낳은 춘추대의와
위정척사의 행동하는 거인
면암은 민족과 더불어 영원하리라
이 시대의 면암이여!

- 「위정척사의 행동하는 거인 - 면암의 삶」 부분

면암 최익현 선생은 포천시 신북면 가채리에서 태어나고 자란 분이다. 면암 선생은 우리 안산김씨 가문과도 특별한 인연이 있다. 동음사에 모셔진 촌로(촌로) 김성대(金聲大) 선생은 장희빈의 간택과 희빈의 아들을 원자로 삼으려 한 기사환국(己巳換局) 때 이를 반대해 귀양길에 오른 김수항(金壽恒)의 식솔들을 받아들여 무려 6년 동안 집을 짓고 보살폈는데, 훗날 이 같은 의리를 그냥 두고만 볼 수 없다고 하여 김성대 선생의 사당을 짓고 제사를 지내야 한다고 앞장 선 분도 면암선생이고, 김성대 선생을 옥병서원에 모시게 한 분도 면암

선생이고 보면 그가 어떤 의리를 가졌는지 가늠해볼 수 있다. 면암 선생은 정말 일화가 많다. 단발령에 대하여 광화문 앞에서 도끼를 가져다 놓고 죽음을 각오하고 상소문을 올린 도끼상소문은 너무나 유명한 이야기다. 그리고 을사조약의 체결로 우리나라가 일본의 속국이 되자, 일본에 앞잡이를 한 다섯 명의 적을 처단해달라는 '청토오적소(請討五賊疏)'라는 상소를 올린 것으로도 유명하다. 필자가 운영하는 도서출판 문학공원에서는 포천문인협회의 의뢰를 받아 면암선생이 흑산도와 제주도로 귀양을 갔을 때 가족들에게 보낸 편지를 모은 『면암선생 편지집』을 양장본으로 펴낸 바 있으며, 일본군에게 잡혀가 대마도에서 너의 것은 물 한 망울도 먹지 않겠다며 굶어서 돌아가셨을 때 전국의 선비, 유생, 기생, 농부 등이 써 보낸 『면암선생제만록』을 무려 3권이나 펴낸 바 있다. 이렇듯 올곧은 면암 선생의 기개에는 그의 선조이신 신라시대의 대 학자 최치원 선생이 있었으니 최치원 선생을 모신 청성사(淸城祠)가 면암 선생을 모신 채산사(茝山祠) 바로 위쪽에 있음도 눈여겨볼 일이다. 귀양을 보내도 나라를 원망지 않고, 문인임에도 죽기를 각오하여 의병을 일으키셨던 구국의 등불이셨던 면암 선생님! 앞으로 포천에서 이런 큰 어른이 나왔다는 것만으로도 가슴이 뜨거워진다. 그전에도 앞으로도 다시 못 올 큰 어른을 엎드려 공양할 뿐이다. 이석구 시인의 "행동하는 거인 / 면암은 민족과 더불어 / 영원하리라 / 이 시대의 면암이여!"란 말씀이 더욱 감회 깊음은 내가 포천사람이라서 더욱 그러한 것 같다.

1.
한 달이면 두어 번 파고다공원 간다
우국충정도 아니고 거기 모이는 노인 틈에 섞이는 것도 아니다
얕은 '삼일문'을 들어서면 삼일독립선언문 손병희의 동상과
팔각정 13층 석탑 아래로 독립의 함성이 들리고
김두한이 똥을 퍼 국회의사당 단상에 뿌렸다는
그 화장실에서 오줌을 눈다

이곳에 오면 어제 얘기 같고
옛날얘기 같은 오늘의 얘기를 듣는다

2.
공원 담을 돌면 오늘도 배고픈 이들이
한 끼 밥을 얻자고 줄을 선다
그 틈에 끼어 따뜻한 점심을 얻어먹는다

3.1운동 때도 지금도
배고픈 이들이 얻어먹고
만세도 불렀다

- 「파고다 공원」 전문

지하철 종로3가에서 내려 교보문고에 가려면 파고다공원을 지나가야 한다. 파고다공원은 탑이 있는 공원이라는 뜻으로 지금은 탑골공원이라 불려지낟. 나는 그곳

에서 수많은 노인들이 모이는 것을 자주 보았다. 이 시를 읽기 전에는 그저 '노인들이 갈 곳이 없으니까 이곳에 모이는구나.'라고만 생각했다. 노인들이 아침밥을 먹고 나면 가족들이 불편할까봐 집에서 나오긴 해야 하는데 딱히 갈 곳이 마땅치 않으니까 파고다공원으로 모이는 것이라고 생각했다. 그런데 이 시는 지금까지의 내 생각에 찬물을 끼얹는 시다. 이 시에 따르면 파고다공원에 모이는 노인들은 꼭 '심심해서', '마땅히 갈 곳이 없어서' 그곳에 모이는 것만은 아니었다. 말하자면 가슴 속에 애국심이 들어있는 노인들이 모이는 것, 일종의 애국적인 현상이었다. 이석구 시인께서 '우국충정이 아니라'고 선을 그으셨지만, "얕은 '삼일문'을 / 들어서면 // 삼일독립선언문 / 손병희의 동상과 / 팔각정 / 13층 석탑 아래로 / 독립의 함성이 들리"기 때문에 가슴 한켠에 애써 감추어둔 애국심이 발동하여 그쪽으로 발을 옮기는 것이다. 게다가 "김두한이 똥을 퍼 / 국회의사당 / 단상에 뿌렸다는 / 그 화장실"이 그 화장실인 걸 몰랐다. 나도 그 화장실에 가서 용변 한 번 보고 와야겠다. 한국민족문화대백과사전에 "파고다공원은 1919년 3월 1일 민족대표 33인의 이름으로 독립선언서가 낭독되고, 일제에 항거하는 민족봉화의 불이 붙여진 유서 깊은 곳이다."라고 나와 있다. 연세가 들면 그런 역사적 현장에 가보고 싶은 것은 어찌 보면 당연한 일, 게다가 밥도 얻어먹을 수 있고 근처에는 싼 값에 머리를 잘라주는 이발관도 있으니 일석이조가 아니겠는가?

단순히 하릴없는 노인들이 찾는 곳이란 편견에서 벗어나 만세를 불렀던 3.1운동 정신을 가슴에 담고, 불의를 참지 못해 국회의사당에 똥을 뿌린 김두환의 정의감을 공감하는 어른들이 파고다공원에 오시는 것이라 생각하니 지금까지의 편향된 시각을 가졌던 나 자신이 후회스럽다.

의사 : 아직도 담배를 피우십니까?
환자 : 네 못 끊었습니다 그런데 그것이…
의사 : 기관지 천식환자에겐 담배는 독입니다
환자 : 나쁘다는 것은 알고 있습니다 그런데 그것이…
의사 : 운동은 계속하십니까?
환자 : 별로 못 하고 있습니다 그런데 그것이…
의사 : 혈당이 높으신데 운동은 필수입니다
환자 : 네 알고 있습니다 그런데 그것이…
의사 : 식(食)습관은 고치셨습니까?
환자 : 집에서 먹는 대로 먹습니다 그런데 그것이…
의사 : 환자께서는 건강에 대하여 염려하지 않습니까?
환자 : 네 염려는 하지만 그런데 그것이…
의사 : 환자께서는 의사가 필요 없습니다
돌아가시지요
환자 : 의사 선생님! 그런데 그것이…
그랬으면 좋겠습니다

– 「치사한 변명」 전문

이 시를 읽고 나는 이석구 시인께서 정말 다양한 방법으로 시를 쓰고 계시는구나 하고 느꼈다. 시란 단순히 마음상태를 표현하는 것만은 아니다. 시는 특별한 진리를 말하는 것도, 지식을 자랑하는 장도 아니다. 이렇게 다양한 방법론을 통해 독자의 시선을 환기시켜 신선하게 받아들이도록 하는 것이다. 그러한 기법을 러시아형식주의자들은 '낯설게 하기'라고 했다. '낯설게 하기' 기법은 다양한 방법론이 끊임없이 요구된다. 이 시는 주치의 질문에 답하는 이석구 시인과의 대화를 문답 형식으로 전개되지만 그가 말하고 싶은 것은 변명이라기보다는 현재 그럴 수밖에 없는 상황을 이야기하는 것이다. 노인건강에 있어 '술 담배를 끊어야 한다는 것'은 불문율이다. 그리고 적당한 운동을 해야 하고 혈당을 낮추기 위해 식습관을 고쳐야 한다. 그렇지만 그렇게 맘먹은 대로 되지는 않는다. 아니, 그렇게 살면 사는 게 너무나 재미가 없다. 담배가 백해무익함은 누구나 알고 있다. 그런데 담배를 피우면 급했던 성미도 누그러지고, 속에 있는 화도 삭혀지며 추위나 더위도 잊을 수 있다. 정부는 흡연자들에게 막대한 세금을 물리면서 담배가 몸에 해로우니 피우지 말라고 한다. 금연구역을 확대하고, 금연 시설이 대부분이다. 이젠 건물 내에서 흡연이 어렵다. 담배를 피우면 건강이 안 좋아지는 것뿐만 아니라 아내나 자녀들에게도 푸대접받는다. 그래도 중3때 피우기 시작한 담배를 60년 간 피우고 75세에 끊으셨다니 그나마 담배로 인한 푸대접은 면하실 수 있어 다행이다. 술은 친구를 만날 수 있는 매우 중요한 도구이며 무료함과 허기를 달래기 위한 최선의 처방이

될 수도 있다. 그런데 술을 끊어야 한다는 것은 어찌 보면 친구도 만나지 말고 벽만 보고 살라는 말과 같다. 그래도 담배를 피우고 술을 마시는 이유는 변명 같지만 점점 더 무료해지는 무력감과 소외당하는 느낌의 소외감을 해소하려는 심리도 있다. 의사선생님의 주문대로 술 담배 안 하고 운동 잘 하고, 식습관 잘 챙기면 얼마나 좋겠는가? 이 시는 의사의 질문에 대하여 변명하고자 쓴 게 아니라 소시민들의 일상을 보여주신 것으로 평가된다.

손바닥만한 밭에서
아내는 꽃을 피우고
나는 채마를 가꾼다

아내는 장날 꽃 사오고
산에 올라 꽃나무도 캔다
꽃씨 받고 물주고
거름 주고 옮겨 심는다

나는 씨앗 뿌리고
상토 흙에 새싹도 기르고
물주고 솎아주고 김매기를 한다

우리는 다른 취미로 살지만
내가 심은 푸성귀로 아내는 음식을 만들고
아내가 기른 꽃나무를 추울 때는
내가 집안으로 날라들인다

아내는 눈으로 즐기는 심미주의자다
우리는 손잡고 하는 일보다
등 돌리고 하는 일이 더 많다

-「우리들의 텃밭」 전문

부부가 나이가 들면 서로 소 닭 보듯 산다고 한다. 그런데 두 부부께서는 소 달 보듯 사시는 것 같다. 한 분은 실용주의 노선이고 한 분은 심미주의 노선이다. 소와 닭의 관계가 아니라 소와 달의 관계라 할 수 있다. 시인에 따르면 "손바닥만한 밭에서 / 아내는 꽃을 피우고 / 나는 채마를 가꾼다" 젊은 시인들은 드러내놓고 사랑을 표현하지만 연세가 연만하신 이석구 시인은 아내에 대한 사랑을 "아내가 기른 꽃나무를 추울 때는 / 네가 집안으로 날라 들인다"정도의 표현으로 나타낸다. 아내의 심부름을 아무 말 없이 받아들인다는 것은 대단한 사랑이다. 텃밭을 가꾸는 방식 또한 전혀 다르다. 아내는 꽃을 심고 이성구 시인은 상추며 쑥갓이며 파, 고추 등 푸성귀를 심는다. 앞서 언급한 바와 같이 텃밭 가꾸기에 있어 이석구 시인은 실용주의 노선이고 사모님께서는 심미주의 노선이다. 보통의 사람들은 그 노선이 서로 바뀌어져 있다. 일반적인 아내들의 생각은 '꽃을 심어 무얼 하느냐?', 생일날 남편들이 꽃을 사오면, '꽃 대신 돈을 달라.'고 하는 사람들이 많은데 이석구 시인의 사모님께서는 푸성귀는 사먹어도 꽃을 심겠다는 생각을 가지고 있다. 돈 대신 꽃이란 개념은 정말 꽃을 사랑하시는 분, 정말 멋을 아는 분이 아니라면 가지기 쉽지 않은 생각이다. 옛날의 성현들은 땅 열 평이 있으면 일곱 평에 꽃을 심겠다고 했다. 그것은 성현들이 얼마나 미의 가치를 높이 평가하고 있는가에 대한 좋은 예라 하겠다. 그렇다고 이석구 시인이 꽃을 싫어한다는 말은 아닐 게다. "우리는 손잡고 하는 일보다 / 등 돌리고 하는 일이 더 많다"고 의견의 충돌을 말씀하지시만 그 말 안에는 서로 맞지 않은 생각이라도 함께 한다는 실용주의 사상이 들어있는 바, 이 모두가 아내와 가족을 사랑하기 때문에 함께 할 수 있는 것이다.

> 봄에 들깨 씨 두 줄(90Cm × 2)를 뿌렸더니 무성하게 자라서 여름내 깻잎을 따서 쌈 싸먹고도 가지가 잘 자라 내 키를 넘고 밑둥은 펑퍼짐하게 퍼져서 솎아내고 남은 것이 열두 포기쯤 되고 가을 냄새나자 꽃망울이 영글며 하얀 씨를 까고 있길래 참새가 드나들 적에 줄기 몇 개를 따서 찹쌀가루 묻혀 기름에 튀겨내고 누런 잎을 따서 실에 꿰어 간장에 담가서 미각을 갈무리하고 서리 내리기 전에 모두 베어서 한 쪽에 세워 말렸다가 보자기를 깔고 하나씩 가져다가 회초리로 타닥타닥 털어서 얼개미 체로 치고 키로 까부르니 한사발이나 되길래 씻어 말리고 불에 볶아서 쇠절구에 빻아 찬그릇에 넣어두고 나물 무치는 데 버무리는 데 지지고 끓이는 데에도 한 숟갈씩 넣으니 겨우내 입맛을 돋우는 고소미(味)가 되어 반 평 땅에서도 행복을 얻을 수 있다는 것이다
>
> - 「반(半)의 반평(半平) 행복 찾기」 전문

지금은 '평'이라는 단위개념을 정부에서 사용하지 못하게 하지만 아직도 서민들에게는 평이라는 개념이 머릿속에 잔재해 있어서 한 평이라는 개념이 3.3㎡보다 앞선다. 게다가 한 평이 정확히 3.3㎡가 아니라 3.305785123㎡이라서 소수점 아래에 0.00578512가 생략되어 있어 늘 반올림을 생각해야 하므로 면적을 정확히 계산하거나 나타내기는 어렵다. 이석구 시인께서 90㎠의 면적에 들깨 씨를 두 줄로 심으셨다니 말씀처럼 반의 반 평이 조금 넘는 넓이다. 그 작은 자투리땅에 심은 들깨가 얼마나 많은 행복을 가져다주는지, 이석구 시인의 시를 읽어본 사람이 아니라도 농사를 지어본 사람이라면 다 안다. 들깻잎은 우리 민족이 가장 즐겨먹는 허브이다. 아프리카에 선교활동을 간 부부가 있었다. 한국에 왔다 간 지가 오래라 한국 음식이 몹시 그리운 때쯤 한국에서 들어온 선교사 한 사람이 깻잎장아찌 캔을 한 캔 선물로 주었다고 한다. 그 선교사 부부는 너무나 감격해서 깻잎장아찌를 가위로 1/4로 잘라 아껴먹었다고 한다. 그러다가 깻잎장아찌를 건네 준 선교사의 집에 갔더니 글쎄 깻잎을 두 장씩 밥에다 싸먹는 것이 아닌가! 그래서 "이런 부르주아가 어디 있느냐?"며 호통을 쳤다는 일화를 어느 수필집에서 읽은 적 있다. 들깻잎은 삼겹살을 구워먹을 때도 생선회를 먹을 때도 없어서는 안 될 식재료다. 시인의 말씀처럼 실컷 깻잎을 따먹고, 꽃술 튀김을 해먹고, 떡잎 진 깻잎을 깻잎장아찌로 담그고, 수확한 들깨로 반찬을 양념하고……. 어릴 적 건너 마을에 사시던 할머니

댁에 가면 화로의 불을 헤쳐 쫑쫑 썰어 넣은 김치와 찬밥을 들기름 한 술 넣어 비벼주시면 천국의 맛이 이런 맛일 거란 생각에 더 없이 행복했다. 이석구 시인 역시 그런 행복을 반의 반 평의 공간에서 찾고 있는데 시의 형식, 즉 산문시가 들깨 씨를 뿌린 반의 반 평 텃밭처럼 시각적 효과를 주고 있어 나는 속으로 무릎을 쳤다. 시인께서 그런 생각으로 산문시를 썼는지는 모르겠지만 정말 우연하게 얻어지는 공감각적인 효과라 시의 맛이 극대화된다.

1.
거미는 요술쟁이다
물레에서 살 뽑듯
끈끈한 줄을 뽑아
삶의 터전을 잡는다

거미는 '디자이너'요
건축설계사다
그물 가운데는 촘촘하게
작은 날파리도 잡고
가장자리는 성글게
잠자리도 잡게 만든다

굵은 줄로 대들보 깔고
그 밑으로 서까래를 깐다

지형지물도 이용하고
안전도 진단하고 환경도 생각한다

쓸만한 곳을 잘 잡으니
지관(地觀)이다

- 「거미의 교훈」 부분

어릴 적 거미줄을 걷으러 남의 집 뒤꼍으로 돌던 생각이 새롭다. 굵은 철사를 둥그렇게 만든 후 나뭇가지 끝에 묶어서 동그라미 안에 거미줄을 걷어 몇 겹으로 채우면 더없이 좋은 잠자리채를 만들 수 있었다. 지금 생각하면 그런 잠자리채는 정말 친환경적이었던 것 같다. 거미를 잡지 않고 거미줄만 걷어내는 일은 거미에게 새로운 집을 마련하는 계기가 되기도 했다. 원래 거미줄이란 점성이 강해서 파리, 모기, 잠자리, 메뚜기 등의 곤충들이 날다가 잡히는 덫인데 쳐놓은 지가 오래되면 점성이 약해져서 거미들이 다른 곳으로 이사를 해 집을 지었다. 집의 기둥과 모서리, 건너편의 나뭇가지 등을 이용해 짓는 거미는 이석구 시인이 하신 말씀처럼 '디자이너'요, 건축설계사이며 지관이라는 말에 공감한다. "그물 가운데는 촘촘하게 / 작은 날파리도 잡고 / 가장자리는 성글게 / 잠자리도 잡게 만든다" 대대로 이어진 거미 나라의 건축방식이라 생각된다. 나는 「거미에 관한 몇 가지 상상」이란 시를 지은 바 있는데 여기서 나는 "거미는 전생에 무사였을 것이다"라고 상상했다. 무시무시한 검을 들고 적진을 향해 달려드는 포효가 들리는 듯하다 "거미는 전생에 호랑이였을 것이다" 라고 상상했다. 하늘을 날 듯 집채 같은 바위를 뛰어넘

으며 노루며 멧돼지를 사냥했을 것이다. 제 몸에 호랑이무늬를 새긴 것을 보면 미루어 짐작할 수 있다. "거미는 전생에 목수였을 것이다" 햇빛을 잘라 기둥으로 쓰며 하늘에 한 치 오차 없이 집을 짓는 걸 보면 안다. "거미는 전생에 서커스단 단원이었을 것이다" 측량할 수 없는 공중에서 조금의 두려움도 없이 거꾸로 내려오는 숙련된 곡예를 보면 안다. 그런데 거미가 그 많은 재주를 가지고도 어찌하여 숲에 숨어사는 신세가 되었을까? "거미는 전생에 재산을 모두 탕진한 빚쟁이였을런지 모른다" 불한당처럼 평생 놀고먹는 팔자였던 그가 입에 거미줄을 치기 위해 잠도 설친 채 덫을 놓고 기다리는 걸 보면 어쩐지 측은한 생각이 들기도 한다. 각설하고 그 작은 몸으로 하늘을 옮겨 다니며 몸속에 내재되어 있는 기억력이라는 자로 혜량하여 하늘을 재단하고 굵은 목재로 마름모의 기초를 세우고 건물의 내장을 촘촘하게 짓는 것을 보면 이석구 시인의 말씀대로 거미는 디자이너요 건축설계사이며 지관이라는 말에 다시금 공감하게 된다.

이렇게 해서 이석구 시인의 시 몇 수를 읽으며 이석구 시인께서 평생 견지해 오신 인생철학과 포천사랑에 대하여 가늠해보았다. 이석구 시인은 포천의 성현들처럼 큰 틀에서 세상을 바라보고 있었다. 자애로운 마음으로 포천을 사랑하고 있었다. 먼저 나를 닦고 가정을 다스려 그 거울로 자신의 몸을 비추어보며 성현들의 삶을 실천하고 계셨던 것이다. 나는 이 시집에서 성현들이 발자취를 따라 실천한 또 한 분의 성현을 만났다. 그동안 이석구 선생께서 평생 견지해 오셨던 포천문화 창달의 마음인 이 시집 한 권에 다 들어있다고 해도 과언이 아니다. 이런 큰 어른을 앞으로 못 뵙는다고 생각하니 가슴속에서 우러나오는 눈물이 앞을 가린다. 왜 좀 더 가깝게 모시지 못 했던가 후회스럽다. 왜 건강하실 때 따로 모셔서 따스하게 손잡아드리며 막걸리 한 잔 대접하지 못했는가 송구스럽다.

우리는 그동안 이석구 시인을 왕초선생님이라 불렀다. 왕초란 주먹세계의 우두머리만을 칭하는 건 아니다. 그 집단에서 존경받고 따를만한 인물을 우리는 왕초라 한다. 왜 이석구 시인을 왕초선생님이라 불러왔는지 이제는 알 것 같다. 그만큼 포천을 사랑하고 사람을 사랑하고 문화를 사랑하셨기 때문에 미루어 존경하고 따라도 될 만한 분이었음을 이제야 깨닫는다.

이석구 선생님 우리 포천에 와주셔서 고맙습니다. 우리 포천을 사랑해주셔서 고맙습니다. 우리 포천의 문화창달을 위하여 평생을 바쳐 일해수심에 진실로 고맙습니다. 오래오래 건강하셔서 우리를 더 가르쳐주시고 지켜주세요. 존경하고 사랑합니다.

이석구 운문집
실향의 덧 포천 · II

초판발행일 2021년 4월 20일

지은이 : 이석구
발행인 : 김순진
편집장 : 전하라
디자인 : 김초롱
펴낸곳 : 도서출판 문학공원
등 록 : 2004년 3월 9일 제6-706호
주 소 : 우편번호 03382 서울 은평구 통일로 633
녹번오피스텔 501호 스토리문학사
전 화 : 02-2234-1666
팩 스 : 02-2236-1666
홈페이지 : http://www.munhakpark.com

※ 책값은 뒤표지에 있습니다.
※ 저자와의 협의에 의해, 인지는 생략합니다.